08. YOLO PROJECT

BANGKOK

두근두근 방콕

21세기북스

CONTENTS

004　PROLOGUE

006　PERSONAL DATA

007　PURPOSE OF TRAVEL

008　INTRO : All about Bangkok _ 방콕 정복!
　010　BANGKOK MAP
　012　All about Bangkok

022　INFO : 방콕, 완전정복! 꼭 알아야 할 BEST 4
　024　1 _ 방콕 여행, 계획해볼까?
　026　2 _ 공항에서 시내까지!
　028　3 _ 방콕 대중교통 완전정복!
　030　4 _ 면세점 똑똑하게 이용하는 방법

034　TRAVEL PACKING LIST

035　CHECK LIST

036 **PART 1 : 새로운 태국 스타일을 경험하고 싶다면, 방콕 미술관**
038   ESSAY _ 고유문화와 새로운 문화의 결합

046 **PART 2 : 대형 쇼핑몰의 천국, 방콕 쇼핑**
048   ESSAY _ 전 세계 브랜드를 한 번에 만나는 곳

056 **PART 3 : 몸과 마음에 힐링을 선물하고 싶다면, 방콕 마사지&스파**
058   ESSAY _ 안티 스트레스를 꿈꾸기에 가장 완벽한 곳

066 **PART 4 : 전 세계인의 입맛을 사로잡은, 방콕 맛집 탐방**
068   ESSAY _ 먹을 때마다 행복을 선물하는 맛

076 **PART 5 : 낮보다 뜨겁게 보낼 수 있는, 방콕의 밤**
078   ESSAY _ 낮보다 신나는 밤을 원한다면, 방콕으로 가자

부록

184   호텔 용어
       어헹자를 위한 영이회화 _ 호텔편
185   방콕의 축제
186   CONTACT LIST
187   COUPON

PROLOGUE

천사의 도시라는 의미에 걸맞게 방콕은
여행객에게 천국 같은 도시다.
얼마든지 저렴하고도 즐겁게 여행할 수 있는 물가,
다른 여행지에 비해
합리적인 가격을 자랑하는 럭셔리 호텔,
입을 쉴 수 없을 정도로 맛 좋은 음식까지.
전부 나열하기 어려울 정도로
방콕의 매력은 무한하다.

여기서 끝이 아니다.
아무리 돌아봐도 끝을 알 수 없는 쇼핑몰에는
수많은 브랜드가 한곳에 모여
여행객들의 마음을 설레게 한다.
럭셔리 브랜드 쇼핑부터 로컬의 저렴한 기념품까지
담아낼 수 있는 도시가 바로 방콕이다.

이런 매력 덕분일까?
세계적으로 유명한 노르웨이 출신 작가 요 네스뵈는
방콕이 배경인 소설을 쓰며 그 이유를 이렇게 설명했다.

"대도시이면서도 사람들이 속속들이
잘 알지 못하는 장소에 대해 쓰고 싶었다.
파리와 런던, 뉴욕 등 알려진 도시를 제외하고
고민을 거듭하다 마침내 결정한 곳이 바로 방콕이었다.
내게 방콕은 무슨 일이든 일어날 수 있으며,
완전히 미아가 될 수 있는 장소로 여겨졌다."

무슨 일이든 일어날 수 있고,
완전히 미아가 될 수 있는 곳이라니.
얼마나 여행과 적합한 장소인가.
길거리에서 마주치는 누구와도
짧은 순간 친구가 될 수 있는 곳.
모두에게 마음을 열고,
충분히 환한 미소로 인사하는 사람들이 함께 살아가는 곳.

방콕에 있는 모두에게는 그 어떤 일이라도
자연스럽지 않은 일이 없을 것이다.
모든 일이든 일어날 수 있는 도시가
바로 방콕이니 말이다.

PERSONAL DATA

NAME	MALE ☐ FEMALE ☐

NATIONALITY

PASSPORT NO.

E-MAIL

MOBILE PHONE

ADDRESS

PURPOSE OF TRAVEL
여행을 통해 얻고 싶은 목표들을 메모해보세요

INTRO
방콕 정복!

All about

BANGKOK MAP

MY SCHEDULE

DATE	PLACE

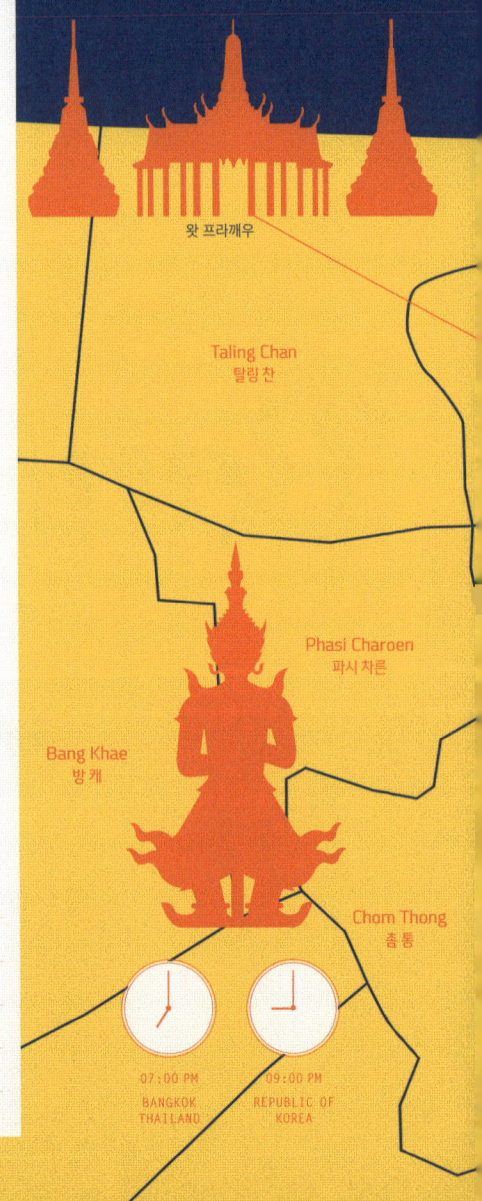

왓 프라깨우

Taling Chan
탈링찬

Phasi Charoen
파시 차른

Bang Khae
방 캐

Chom Thong
촘 통

07:00 PM
BANGKOK
THAILAND

09:00 PM
REPUBLIC OF
KOREA

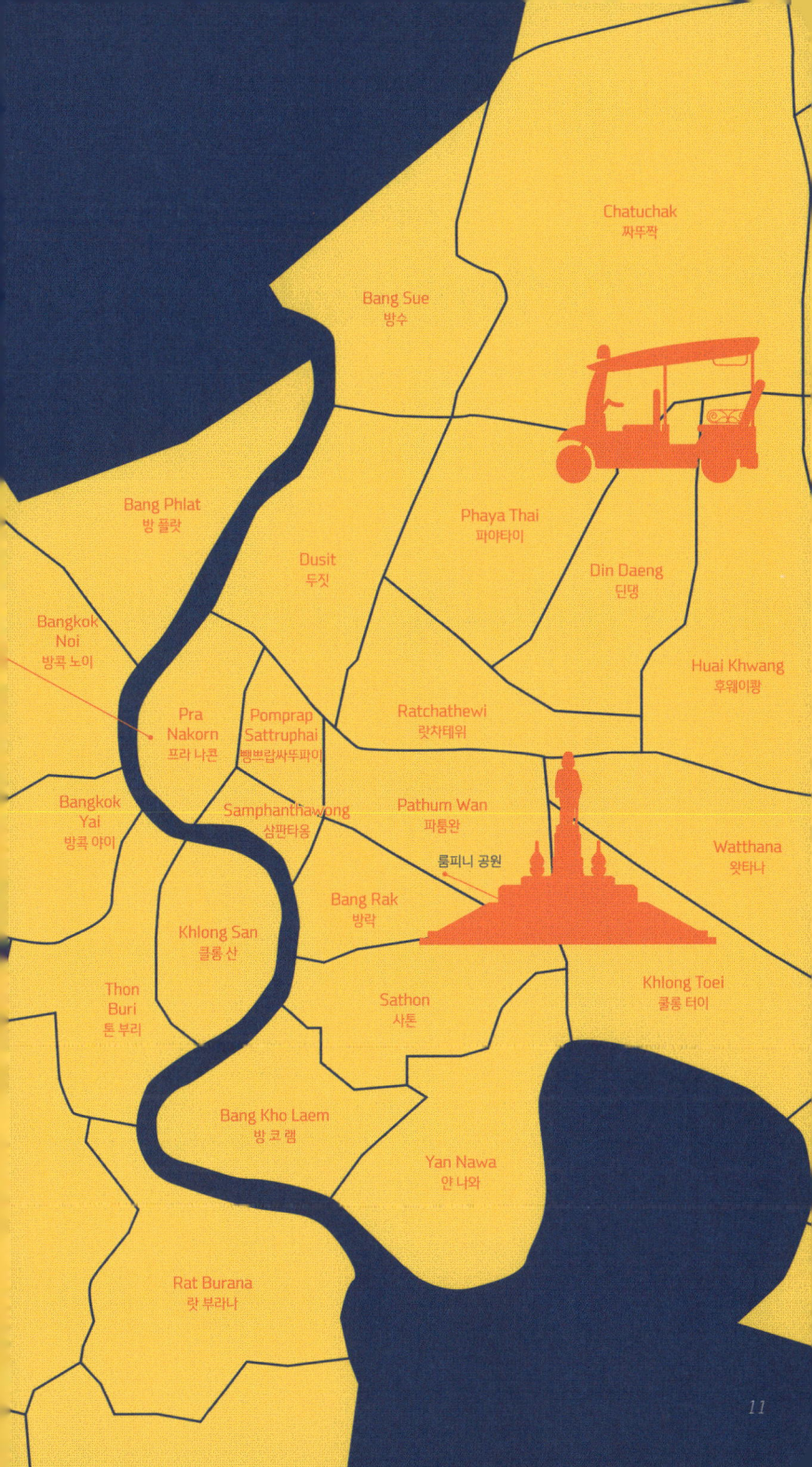

All about Bangkok

● 태국의 수도 방콕은 모든 것의 중심이다. 태국인들이 사랑하는 왕족이 사는 곳이며, 왕궁을 비롯해 주요 행정시설이 모여 있는 곳이다. 태국에서 가장 현대화된 고층 빌딩과 럭셔리 쇼핑몰도 방콕에 자리한다. 덕분에 방콕은 한쪽에서는 과거의 유물을 보고, 다른 한쪽에서는 현대의 패션을 경험할 수 있는 도시가 되었다. 과거와 현재, 미래가 공존하는 방콕 풍경에 여행객은 신비로운 힘에 이끌리는 느낌을 받는다.

누가 가도 같은 여행, 같은 경험을 하는 도시가 있는 반면 모두가 각기 다른 경험을 얻는 도시가 있다. 방콕은 후자다. 같은 음식도 1,000원부터 30,000원까지 가격이 천차만별이다. 마사지나 호텔 또한 선택지가 다양하다. 여행자의 상황에 따라 최고의 여행이 가능한 도시, 방콕의 매력을 고스란히 느낄 수 있는 부분이다. 선택에 따라 초저가 고만족 여행부터 럭셔리의 끝이라 부를 수 있는 여행까지 가능한 도시 방콕. 이런 부분만 봐도 방콕이라는 도시의 스펙트럼이 상상을 초월한다는 것을 알 수 있다.

여기서 끝이 아니다. 워낙 많은 것들을 담고 있어서인지 방콕은 매번 다른 주제로 여행을 할 수 있다. 왕궁이 방콕의 기본을 잡아준다면 새롭게 생겨나는 현대적인 공간들은 새로운 방콕을 탄생시킨다. 리조트와 호텔, 대형 쇼핑몰, 트렌디한 카페와 레스토랑, 그 외 수많은 맛집까지. 방콕은 전통적인 매력에 트렌디하고 유니크한 문화까지 더해져 전 세계인의 눈과 귀, 입을 만족시킨다. 덕분에 방콕을 한 번만 간 이들이 없을 정도다.

여행객이 원하는 어떤 키워드도 방콕에서는 실현 가능하다. 그 무엇을 상상하든 그 이상의 경험을 하게 해주는 도시, 방콕. 마치 살아 숨 쉬는 생명체처럼 늘 새롭게 변화하고 또 다른 매력을 보여주는 이 도시를 어떻게 사랑하지 않을 수 있을까.

1

방콕에서 가장 세련된 시티라이프를 즐길 수 있는 곳

시암&칫롬&플론칫
Siam&Chitlom&Ploenchit

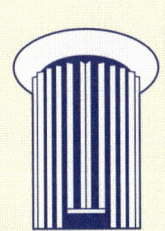

방콕 최대의 쇼핑 메카이자 세련된 시티라이프를 한껏 즐길 수 있는 곳이 시암과 칫롬, 플론칫 지역이다. 화려한 쇼핑몰이 즐비하고 아쿠아리움, 마담 투소 전시 등 볼거리도 가득하다. 트렌디한 레스토랑, 푸드코트와 다양한 아이템을 자랑하는 매장들은 충분히 매력적이다. 덕분에 이곳을 찾으면 한껏 여유를 즐기는 방콕의 젊은이들을 만날 수 있다. 때문에 여행 중 방콕 트렌디 세터들을 관찰하며 세련된 카페나 레스토랑에서 휴식을 즐기고 싶다면 이 지역이 제격이다.

1
눈과 마음을 빼앗는 쇼핑몰의 천국

시암과 칫롬은 대형 쇼핑몰의 전투적인 경쟁을 볼 수 있는 곳이다. 그중에서도 쇼핑객의 마음을 가장 많이 빼앗는 곳은 시암 파라곤, 센트럴 월드, 게이손이다. 세상 모든 브랜드를 한데 모아놓았다고 해도 이상하지 않다. 게다가 스파, 푸드코트, 슈퍼마켓 등 소소한 재미를 주는 공간들 또한 상상하기 어려운 크기와 규모를 자랑한다. 온종일 둘러봐도 다 보기 어려울 정도. 그럼에도 여전히 방콕에는 새로운 쇼핑몰이 세워지는 공사가 한창이니, 쇼핑의 천국이 바로 이곳이 아닐까.

2
시내 중심에 자리 잡은, 에라완 사원(The Erawan Shrine)

방콕에서는 종종 역이나 광장에 자리 잡은 작은 사원을 볼 수 있다. 그중에서도 방콕 시민들이 가장 많이 몰리는 곳이 라차프라송 사거리에 세워진 에라완 사원이다. 1953년에 에라완 하얏트 호텔을 지으며 만들어진 곳으로 힌두교 브라마 신을 위한 사원이다. 큰 도시 시내 한복판에서 기도를 드리고, 춤추는 이들의 모습은 눈을 사로잡을 만큼 충분한 볼거리이다.

2

마음까지 편해지는 방콕의 휴식처

스쿰윗&텅러&에까마이
Sukhumvit&Thonglor&Ekkamai

BTS 역을 기준으로 나나, 아속, 프롬퐁, 텅러, 에까마이 역이 있는 지역을 스쿰윗 지역이라 통칭한다. 이 지역은 최근 젊은 여행객 사이에서 카오산 로드보다 더 인기를 끌고 있다. 중저가의 인기 있는 호텔과 룸피니 공원, 방콕 로컬 젊은이들이 찾는 힙한 카페와 레스토랑이 이곳에 있기 때문이다. 차 한잔하며 쉴 수 있는 공간이 많아 방콕 여행의 쉼표가 되어준다. 마음의 여유를 한껏 담고 느긋하게 즐겨보자.

POINT

1
울창한 숲속을 연상시키는,
룸피니 공원(Lumpini park)

룸피니 공원은 큰 볼거리가 있는 곳이 아니다. 그러나 열대 우림 느낌의 커다란 공원 속 울창한 숲에 들어가면 방콕의 매연도, 교통체증도 다 잊히는 기분이다. 호수와 숲, 나무들이 한데 어우러진 룸피니 공원은 방콕의 휴식처 역할을 한다. 시민들은 물론 여행객도 공원을 산책하거나 조깅을 즐기며 여유를 만끽하는 모습을 쉽게 볼 수 있다. 입구에 세워진 라마 6세의 동상이 인상적이다.

2
태국 북부의 전통 가옥,
반 캄티앙(Ban Khamtieng)

태국 북부 란나 왕국 양식의 전통 가옥, 반 캄티앙. 1848년에 치앙마이 매 삥(Mae Ping/삥강) 강변에 지은 캄티앙의 집이기도 한 이곳은 1960년대 방콕으로 옮겨졌다. 가옥 안에는 당시의 전통 생활용품, 농기구, 고산족 관련 물품 등이 그대로 남아있다. 덕분에 태국 북부의 생활상을 알 수 있는 민속 박물관의 역할도 하니 한 번쯤 둘러보는 것이 좋다. 화요일부터 토요일, 오전 9시부터 오후 5시까지 입장 가능하며, 입장료는 100Baht이다.

3

태국 왕궁을 볼 수 있는 곳

라따나꼬신
Rattanakosin

태국은 절대 왕권 국가는 아니지만 여전히 왕에 대한 사랑과 존경이 대단한 나라다. 방콕에서는 왕이 행차할 때 가던 길을 멈추고 고개를 숙여야 한다. 외국인 여행객도 예외가 아니다. 또한 왕궁과 사원에 들어갈 때 민소매나 짧은 바지 등이 금지되는 등 예의를 중시한다. 어찌 보면 까다로워 보이지만, 과거와 현재가 살아있는 상태로 공존하는 모습은 신비롭다. 라따나꼬신은 왕궁 주변이기에 이런 모습을 쉽게 경험할 수 있는 지역이다.

POINT

1
태국 왕들의 흔적을 엿볼 수 있는,
왕궁&왓 프라깨우(Wat Phra Kaew)

왓 프라깨우는 라마 1세부터 지금까지 역대 국왕들이 살았던 왕궁 내에 위치한 사원이다. 짜끄리 왕조를 연 라마 1세가 라따나꼬신으로 수도를 옮기면서 왕조의 번영을 비는 의미로 지었다. 왕궁의 제사를 모시는 왕실 수호 사원 왓 프라깨우는 태국에서 가장 신성시하는 곳으로 늘 사람들이 붐빈다. 에메랄드 불상이 유명해 에메랄드 사원이라는 별칭으로 불리기도 하며, 눈길을 사로잡을 정도로 아름답다. 왕궁은 처음부터 지금의 모습은 아니었고 새로 짓거나 증축, 개축해 지금의 모습에 이르렀다.

2
태국 사원의 정수
왓 포&왓 아룬(Wat Pho&Wat Arun)

방콕 왕궁의 남쪽으로 도보 5분 거리에 있는 왓 포는 오래된 사원 중 하나다. 아유타야 시대인 16~17세기에 지어졌으며 최고 왕실 사원으로 여겨지는 본당은 라마 1세 때 만들어졌다. 왓 포에서 배를 타고 건너편으로 이동하면 새벽 사원이라는 별칭을 가진 왓 아룬을 만날 수 있다. 새벽 햇빛을 받으면 탑의 도자기 장식이 형형색색으로 빛나 강 건너편까지 비춘다는 이유로 새벽 사원이라는 이름을 가지게 됐다. 현재는 왓 아룬을 비추는 불빛 때문에 야경 명소로도 손꼽힌다.

4

방콕 여행의 대표 지역

방람푸&타논 카오산
Banglamphu & Thanon Khaosan

타논 카오산(카오산 로드)은 방콕을 대표하는 곳이라 해도 과언이 아니다. 특히 방콕을 처음 여행하는 여행객에게 카오산은 기초 교본 같은 곳이다. 어느 누구도 신경 쓰지 않는 자유로운 곳 카오산. 그곳을 찾아 방콕에서만 느낄 수 있는 젊음과 자유를 경험해보자. 더불어 카오산 근처에 자리한 민주기념탑과 왓 랏차낫다람, 왓 수탓, 왓 사켓 등 사람들이 잘 찾지 않지만 꼭 봐야 할 사원들도 둘러보면 좋다.

POINT

1
전 세계 배낭여행객이 모이는, 카오산 센터(Khaosan Center)

전 세계에서 온 배낭여행객이 모이는 카오산 로드의 중심, 카오산 센터. 약 400m가량 이어지는 2차선 도로에 수많은 게스트하우스, 술집, 길거리 가게, 마사지 숍, 기념품 점 등 여행자 편의 시설이 모여있다. 다른 곳으로 이동하기 위한 버스나 투어를 예약할 수 있는 여행사도 즐비하다. 상상 이상으로 저렴한 물가 덕분에 주머니가 가벼운 여행객들이 자연스럽게 모여, 방콕 배낭여행의 메카로 자리 잡았다.

2
태국의 전통과 여유를 동시에 즐기자

보다 여유로운 카오산을 즐기려면 카오산 근처 사원들을 방문해보자. 태국의 전통을 경험하면서도 여유와 한가로움을 온몸으로 느낄 수 있다. 더불어 왓 랏차낫다람, 왓 수탓, 왓 사켓 등의 사원을 둘러보면 태국 왕실의 전통과 서양 문물이 어떻게 조화를 이루게 됐는지 알 수 있다. 1932년 절대 왕정이 무너지고 헌법을 제정한 것을 기념하기 위해 24층 높이로 지어진 민주기념탑을 들러보는 것도 태국을 이해하는 데 도움이 될 것이다.

5

반나절이면 충분한

방콕 근교 여행

방콕은 충분히 넓은 도시이다. 볼 것도, 먹어볼 음식도 다양하다. 그러나 방콕에서 조금 벗어나 근교로 향하면 새로운 풍경을 만날 수 있다. 의욕 넘치는 여행객이라면 방콕 근교 여행까지 계획해보자. 방콕도 느긋하게 즐기고 주변까지 둘러볼 수 있는 일정으로는 반나절 근교 투어가 제격이다.

! POINT

1
수상 시장을 경험하자!

2
아유타야 왕국의 흔적 찾기

배를 타고 장을 보는 수상 시장인 플로팅 마켓(Floating market) 담넌 사두억과 철로 위 시장인 매끌렁을 함께 둘러보는 코스이다. 보트를 타고 보트 위에서 판매하는 온갖 물건들을 보는 것만으로도 독특한 경험이 될 수 있다. 과일은 물론 전통 복장, 쌀국수까지 판매한다. 팔지 않는 것을 찾기가 더 어렵다. 인위적인 관광지가 아닌, 태국인들의 진짜 삶을 만날 수 있는 곳이기에 더욱 특별하다. 나무로 깎아 만든 여성 조각상 기념품은 이곳에서만 구매 가능하니 하나 장만해보자.

나무뿌리 안에 있는 불상으로 유명한 아유타야(Ayutthaya). 고대 태국 수도였던 곳으로, 그 문화적 가치를 인정받아 세계문화유산으로 지정되었다. 한적하고 아기자기한 분위기와 아유타야 왕국의 모습이 보전되어 있는 풍경이 인상적이다. 불상 위로 자연스럽게 나무가 뻗어난 모습은 이곳에서만 볼 수 있는 풍경! 기념사진을 찍을 때는 불상보다 몸을 낮춰야 한다는 사실도 잊지 말자.

INFO

방콕, 완전정복!
꼭 알아야 할 BEST 4

Have to know

Travel Plan
방콕 여행, **계획**해볼까?

여행의 기본은 역시 항공권과 호텔. 이 두 가지를 결정하면 여행의 반을 준비한 것이다. 방콕의 경우 워낙 인기가 높은 여행지이기 때문에 어렵지 않게 항공권을 구매할 수 있다. 이 경우 '어떻게 하면 더 저렴하게 구매할 수 있을까?'를 고민하기 마련! 그때는 부지런한 비교 검색이 가장 현명하다.

국적기인 대한항공, 아시아나와 LCC인 진에어, 이스타항공, 제주항공, 티웨이가 인천-수완나폼 공항 구간을 운항하고 있다. 여기에 태국 국적기인 타이항공도 운항 중이다. 방콕이 워낙 인기 높은 여행지이기 때문에 운항하는 항공기가 많고, 항공 스케줄 역시 여행자들에게 여러 선택지를 줄 정도로 다양하다. 에어아시아는 인천-돈므앙 공항을 운항한다. 여러 항공사가 취항했을 때의 장점은 항공사 간의 경쟁으로 특가 프로모션이 빈번하게 진행된다는 것이다. 특가 프로모션을 잘 찾아 예약하면 생각보다 훨씬 저렴한 가격에 방콕 비행기 표를 '겟' 할 수 있다. 특히 에어아시아의 경우 여행 6개월 전 항공권을 구매할 때 가장 저렴하니 참고하자.

항공권 가격 비교 사이트인 스카이스캐너, 땡처리닷컴, 인터파크항공 등을 이용해 비교해보는 것도 좋다. 그러나 방콕처럼 인기 높은 여행지의 경우 여행사가 단체 여행 항공권을 구매했다가 저렴하게 판매하는 경우도 있으니 주요 여행사 사이트를 통해 별도 가격 비교를 해보는 것도 도움이 된다.

항공권 구매를 확정했다면 다음은 호텔 예약이다. 방콕의 경우 워낙 유명한 호텔 체인들이 많다. 또한 럭셔리 호텔들을 비교적 현실적인 가격에 경험할 수 있다. 따라서 항공권과 마찬가지로 부지런한 가격 비교와 정보 검색이 답이다. 호텔패스, 호텔스컴바인 등 온라인 사이트와 호텔 체인 공식 홈페이지를 모두 둘러보자. 호텔 자체적으로 조식, 선물, 스파 등 다른 조건의 단독 패키지를 판매하는 경우 호텔 공식 홈페이지를 통한 예약이 유리하다.

예약 시, 단순하게 가격만 비교하기보다 그 외 조건들을 꼭 챙겨야 한다. 취소 가능 상품인지 확인하는 것도 잊지 말자. 일정이 확정되지 않은 상태에서는 어떤 변수가 생길지 모른다. 취소 불가능 상품을 결제하면 최악의 경우 호텔 비용을 모두 버려야 할 수도 있다. 따라서 호텔 예약 시 조식, 레이트 체크아웃, 취소 여부 등 여러 조건을 두루 살펴보는 꼼꼼함이 필수.

1

　항공권과 호텔 예약을 완료했다면, 방콕에 대해 좀 더 알아보는 시간이 필요하다. 열대몬순기후로 연평균 기온이 29도인 방콕은 1년 내내 더운 날씨를 유지하는 곳이다. 1년 중 40도 가까이 기온이 올라가는 4월은 더위에 지칠 수 있으니 이 시기 여행은 피하는 것이 좋다. 그러나 태국의 송끄란 축제를 즐기고 싶은 여행객이라면 반드시 4월에 여행을 가야 한다. 기후적으로 방콕을 여행하기 가장 좋은 시기는 11월에서 2월 사이이다. 밤에는 살짝 쌀쌀하지만 화창하고 맑은 날씨 덕분에 기분까지 좋아진다. 여행 일정을 정할 때 자신의 여행 스타일을 꼭 따져보자. 날씨의 영향을 많이 받지 않는 경우 되도록 다른 여행자들이 피하는 비수기를 선택하면 훨씬 저렴한 비용으로 북적이지 않는 한적한 여행을 할 수 있다.

　그 외 소소한 부분도 놓치지 말고 챙기자. 방콕의 전압은 220V-240V로 콘센트 모양은 조금 다르지만 우리나라 플러그를 바로 이용할 수 있다. 화폐 단위는 Baht(바트)와 Satang(사탕). 지폐는 20Baht, 50Baht, 100Baht, 500Baht, 1,000Baht를 사용한다. 동전의 경우 1Baht, 2Baht, 5Baht, 10Baht와 25Satang, 50Satang이 있다. 1Baht가 100Satang이다. 우리 돈으로 1Baht는 30원 정도. 쇼핑몰이나 마트 등에서는 신용카드를 사용할 수 있지만, 시장이나 작은 가게에서는 대부분 현금을 내야 하니 일정과 여행 장소를 고려해 환전하면 된다.

How to go
공항에서 시내까지!

입국 심사를 마치고 수하물을 찾은 후 세관 신고 물품이 없다면 Nothing to declare라고 쓰인 곳을 통해 나가면 된다.

새로운 도시와 만나는 첫 관문, 공항. 이곳에서 받는 출입국 심사는 여행자들에게 두려움과 설렘을 함께 느끼게 한다. 그러나 방콕을 여행할 때는 두려움을 살짝 넣어두고 설렘만 꺼내도 괜찮다. 방콕 내에서 머무는 곳의 주소만 정확히 적으면 어떤 일도 일어나지 않고 출입국 심사를 마칠 수 있다. 그러니 누구나 아는 글로벌 체인 호텔이 아닐 경우 숙소의 주소를 정확하게 알아가는 것이 좋다.

두려움을 덜어낸 자리에는 인내심을 넣어 두자. 비행기에서 출입국 심사장까지 걸어서 10분 정도 걸린다. 착륙 비행기가 많은 경우에는 외국인 담당 심사 줄에 30분에서 1시간은 서 있어야 한다. 그 기다림을 끝내면 수화물을 찾는 시간이 이어진다. 캐리어까지 손에 들어왔다면 방콕을 만날 준비는 거의 완료된 셈이다. 수화물을 찾은 후 별도로 세관 신고 물품이 없으면 Nothing to declare라고 쓰인 곳을 통해 나가면 된다.

에어아시아를 이용한 여행객은 돈므앙 공항을, 그 외 여행객은 수완나품 공항을 만나게 될 것이다. 무사히 공항을 만나면 정말 마지막 관문이 남는다. 바로 시내까지 이동하는 것. 수완나품 공항에서 방콕 시내로 들어가는 방법은 다양하다. 숙소의 위치와 예산에 따라 공항철도, 택시, 공항버스 등을 이용하면 된다. 시암, 스쿰윗, 실롬 지역은 공항철도와 택시, 카오산과 그 인근은 버스와 택시가 편하다. 그 외 늦은 밤에 도착한 경우에는 택시 이용을 권한다.

2

공항철도를 타고 BTS나 MRT같은
방콕의 지하철을 이용해 시내로 이동할 수 있다.
늦은 밤에 방콕에 도착했다면 택시를 이용하는
것이 좋다. 보통 시내까지 300Baht가 나온다.

공항 B층에서 탈 수 있는 공항철도는 총 8개 역에 정차한다. BTS나 MRT 같은 방콕의 지하철로 갈아탈 경우에는 표를 다시 구매해야 한다. 막까산 역은 MRT 펫부리 역과 연결되고, 파야타이 역은 BTS 파야타이 역과 연결된다. 요금은 거리에 따라 최소 15Baht에서 최대 45Baht이다.

택시는 공항 1층에 공식 탑승장이 있다. 키오스크에서 번호표를 뽑고 배정된 택시를 타면 된다. 수수료는 50Baht이며, 방콕 시내까지 보통 300Baht 정도 나온다. 단, 극심한 방콕의 교통정체 안에 갇히면 요금을 예상하기 어렵다. 그럼에도 짐이 많거나 늦은 밤에 도착한 경우 여유로운 마음으로 택시를 이용하자. 택시기사가 미터기가 아닌 흥정으로 금액을 결정하려고 할 때는 무조건 피하기보다 유리한 금액인지 따져보고 결정하자. 의외의 저렴한 비용으로 택시를 이용하는 행운을 누릴 수도 있다. 공항버스는 카오산이나 왕궁 근처로 가는 여행객에게 유리하다. 공항 1층에서 S1번을 타면 된다. 단, 일반 버스는 여행객에게 다소 불편하다.

돈므앙 공항은 공항버스와 택시, 일반 버스를 이용해 시내로 이동할 수 있다. 공항버스 중 A1 버스가 BTS와 MRT 역으로 데려다주며, A3 버스는 룸피니 공원, A4 버스는 카오산으로 향한다. 일반 버스는 너무 느려 이용하기 어려우니 참고하자. 택시를 탈 경우 시내까지 250-300Baht가 나오고 수수료 50Baht가 추가되며, 톨게이트 비용은 별도다.

Subway
방콕 대중교통 완전정복!

3

  여행객들이 이용할 수 있는 방콕의 대중교통은 크게 4가지 정도로 구분할 수 있다. 우선 방콕 시내 곳곳을 이어주는 BTS를 알아보자. BTS는 주로 교통 체증이 가장 심한 오후 6시에서 8시 사이에 유용한 교통편이다. 특히 시암, 스쿰윗, 실롬 등으로 이동할 때는 BTS를 이용하는 것이 저렴하고 빠른 방법이다. 스쿰윗 라인과 실롬 라인이 있으며, 두 라인 간의 환승은 시암 역에서 가능하다. 1회 사용 가능한 싱글 저니 티켓은 당일 구매와 당일 사용이 원칙이며 이용하지 않았다고 해도 구매 날짜가 지나면 사용할 수 없다. 환불도 불가능하니 바로 사용할 경우에만 티켓을 구매하자. BTS를 여러 차례 이용할 계획이라면 당일 24시까지 쓸 수 있는 원데이 패스를 구매하는 것이 좋다. 가격은 140Baht이다.

  또 다른 대중교통으로 MRT가 있다. 블루라인과 퍼플라인이 있는데, 여행객들은 대부분 BTS 아속 역과 가까운 MRT 스쿰윗 역, BTS 살라댕 역과 가까운 MRT 실롬 역 등 블루라인을 많이 이용한다. 일회용 티켓은 토큰이다. 1, 3, 30일 패스도 있지만, 다른 교통수단과 환승이 이뤄지지 않아 크게 유용하지 않다. 우리나라 버스카드같이 충전식으로 사용할 수 있는 카드도 있지만 이 역시 버스, BTS와 호환되지 않는다. 보증금 50Baht, 발급비용 30Baht, 최소 충전금액 100Baht이며 2년 이내 남은 금액은 환불 가능하다.

  수상 보트 역시 주요 대중교통이다. 차오프라야강, 쎈쎈 운하의 정해진 노선에 따라 보트가 운행되며 일반 버스처럼 정해진 선착장에서 탑승하고 내리는 방식이다. 운임은 수상 버스에 있는 차장에게 내면 된다. 여행객들이 주로 이용하는 노선은 카오산 로드와 왕궁 근처 선착장이다.

  택시와 툭툭도 유용하다. 두 교통편을 이용할 때 주요 포인트는 흥정의 기술이다. 택시는 미터기가 있지만, 방콕은 워낙 교통 체증이 심각한 도시이기 때문에 흥정을 한 비용이 더 저렴한 경우가 있다. 100% 흥정으로 이용하는 툭툭의 경우 골목으로 다니기 때문에 교통 체증에서 조금 자유롭다. 그러나 외국인에게 과한 요금을 요구하는 경우가 있으니 주의하자. 이밖에도 관쌍늘 시켜수셌나거나 좋은 가게를 알고 있으니 데려다주겠다는 등의 이야기에 넘어가면 안 된다.

Duty Free Shop
면세점 똑똑하게 이용하는 방법

정가의 30-50% 저렴한 가격으로 제품을 구입할 수 있는 면세점 쇼핑은 해외여행을 계획하면서 가질 수 있는 또 하나의 즐거움이다. 특히 공항에서뿐만 아니라 여행 계획이 완료되면 '시내면세점'과 '인터넷 면세점'도 이용할 수 있다. 면세점 쇼핑도 여러 선택지가 있으니 꼼꼼하게 알아보고 똑똑하게 이용하자.

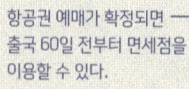
항공권 예매가 확정되면 출국 60일 전부터 면세점을 이용할 수 있다.

쿠폰이나 멤버십 혜택 등이 면세점마다 다르니 이용하기 전 미리 확인해보면 좋다.

시내 또는 인터넷 면세점에서 구매한 제품은 출국 시 면세품 인도장에서 수령이 가능하다. 여권과 항공권, 제품 교환권 등을 제시해야 하니 잊지 말고 챙기도록 하자.

Q1 시내면세점, 인터넷 면세점, 공항 면세점, 기내 면세점 등 다양한 종류의 면세점, 어떻게 이용하면 될까?

여행 계획을 세운 후 출국까지 시간적인 여유가 있다면 시내면세점과 인터넷 면세점을 이용하는 것이 유리하다. 멤버십 할인, 쿠폰, 적립금 등 여러 혜택을 활용하면 조금 더 저렴한 가격에 제품을 구입할 수 있다. 단 비행기 시간, 여행 목적지에 따라 구매 제한이 있을 수 있으니 미리 체크해보자. 시내면세점의 경우 운영 시간을 확인하고 방문해야 한다. 시내에서 가장 늦은 시간에 면세점 쇼핑을 할 수 있는 곳은 밤 11시까지 운영하는 동대문 두타면세점이니 참고하자.

* 두타면세점 본점 : 서울특별시 중구 장충단로 275 두산타워 1F, 7F~13F
* 두타인터넷면세점 : www.dootadutyfree.com

Q2 면세점 쇼핑을 할 때 알아두어야 할 것은 무엇인가?

우선 여권과 항공권 또는 e 티켓은 필수이다. 항공권 예매가 확정되면 출국일로부터 60일 전부터 면세점을 이용할 수 있다. 내국인의 경우 면세품 구매 한도는 3,000$(국산품은 제외)이며, 입국 시 면세 한도는 내외국인 모두 국산품과 수입품을 포함해 600$이다. 따라서 입국 시 구매한 면세품의 가격이 600$가 넘을 경우, 자진 세관 신고를 하고 세금 납부를 해야 한다. 제품별로 적용 세율이 다를 수 있으니 구매할 때 미리 체크하자.

인터넷 면세점을 이용하는 경우에는 여권과 항공권 외에 본인 인증이 가능한 핸드폰 번호가 필요하다. 또한 인터넷 면세점에 없는 브랜드나 제품도 '스페셜 오더'로 문의하면 상품 유무 확인 후 주문 가능 여부를 알려준다. 사고 싶은 물건이 명확한 경우 온라인을 활용하면 좀 더 편리하게 원하는 쇼핑을 할 수 있다.

Q3 면세점을 똑똑하게 이용하는 방법은?

대부분의 면세점에서는 멤버십 제도와 다양한 할인 쿠폰 프로모션을 진행하고 있다. 회원 가입을 하면 회원 전용 기본 할인 혜택을 받을 수 있으며, 구매 금액과 가입 기간을 기준으로 쿠폰, 적립금 혜택이 다르게 제공된다. 특히 인터넷 면세점에서는 기본 멤버십과 별도로 구매 등급 제도가 있어 보다 실속 있는 면세 쇼핑을 즐길 수 있다. 두타면세점의 경우 회원 등급별로 최대 20%까지 기본 할인 혜택을 제공한다. 각 면세점별로 운영하는 이벤트에도 주목하자. 해외여행 전 부지런한 면세점 쇼핑 정보 탐색은 필수!

Q4 구매한 제품은 어떻게 받으면 될까?

시내면세점, 인터넷 면세점을 이용해 구매한 제품은 출국 당일 공항 인도장에서 찾을 수 있다. 면세품 수령은 반드시 출국하면서 해야 한다는 점을 잊지 말자, 해외에서 한국으로 돌아올 때는 면세품 수령이 불가하다. 면세품 인도장에서는 본인이 구매한 제품만 수령이 가능하다. 제품 수령 시에는 여권과 항공권, 제품 구매 시 받았던 교환권을 제시해야 하며, 인도장에서 상품을 확인하고 문제가 있으면 바로 직원에게 문의해야 한다. 이후 환불이나 교환이 어려울 수 있으니 물건을 받으면서 바로 확인하는 것이 좋다.

멀리 있는 사람을 그리워한다는 건 행복한 일이다.
- 영화 <선생님의 일기> 중

TRAVEL PACKING LIST
여행 준비물 목록

ESSENTIAL
기본 물품

CLOTHES
의류

ACCESSORIES
액세서리

TOILETRIES & COSMETICS
세면도구&화장품

ELECTRONICS & GADGETS
전자제품&장비

OTHER
그 외

CHECK LIST

장소, 음식, 쇼핑 등 여행 중 경험하고 싶은 나만의 목록을 만들어 사용해보세요

	CHECK		CHECK
	☐		☐
	☐		☐
	☐		☐
	☐		☐
	☐		☐
	☐		☐
	☐		☐
	☐		☐
	☐		☐
	☐		☐
	☐		☐
	☐		☐
	☐		☐
	☐		☐
	☐		☐
	☐		☐
	☐		☐
	☐		☐
	☐		☐
	☐		☐
	☐		☐
	☐		☐
	☐		☐
	☐		☐
	☐		☐
	☐		☐

PART
1

MUS

새로운 태국 스타일을
경험하고 싶다면,
방콕 미술관

PART 1 / ESSAY

고유문화와 새로운 문화의 결합

MUSEUM

● 태국은 식민지 경험을 가진 나라가 아니다. 그러나 워낙 개방적인 분위기로 전 세계 문물을 빠르게 받아들이고 습득해왔다. 이는 개방적인 성향의 왕족 문화가 큰 영향을 미쳤다. 태국 왕족은 유럽 등지로 유학 가는 것을 선호했으며, 여러 문화를 두루 접하고 태국에 돌아와 자신들의 나라가 발전하는데 이바지하기를 원했다. 그러면서도 전통적인 왕조 문화를 바탕으로 오래 이어져 온 태국 고유의 문화도 잃지 않고 지켜냈다.

여전히 왕족이 중심이 되어 태국 전통 제품을 생산하거나 문화를 유지하기 위한 활동을 하고 있다. 왕과 왕비, 공주 등 왕국 각 구성원들의 개별적인 활동과 왕족 전체의 활동이 더해져 태국 스타일의 문화 발전은 진행 중이다. 덕분에 방콕에는 세계 문화와 전통 문화가 어우러진 새로운 태국 스타일의 문화가 자리 잡았다. 방콕의 미술관이나 박물관에 가면 이러한 태국 스타일을 경험할 수 있다. 태국 고유의 문화를 보여주면서도 외국 문화와의 콜라보, 재해석, 조화 등 다양한 형태로 창조된 새로운 문화 스타일을 만날 수 있다.

방콕이라는 도시가 늘 새로운 모습을 보이고 무한한 매력을 뽐내는 힘 역시 오랜 세월 발전해온 문화의 영향이다. 하나를 고집하거나 한 곳에 머무르지 않고 늘 새롭게 발전하려는 노력이 오늘날 방콕이라는 도시를 만들어낸 힘이 아닐까.

1 옐로 하우스
(Yelo House)

주소 20/2 Rama I Rd, Khwaeng Wang Mai, Khet Pathum Wan, Krung Thep Maha Nakhon 10330
전화 098 469 5924
이용시간 갤러리 | 11:00-20:00 (화요일 휴무)
　　　　 카페&레스토랑 | 월요일-목요일 08:00-20:00, 금요일-토요일 08:00-22:00
이용요금 갤러리 무료　홈페이지 www.yelohouse.com

젊은 아티스트들이 작업실처럼 이용하면서 전시도 이뤄지는 복합공간, 옐로 하우스. 쎈쎕 운하와 마주 보는 곳에 간단한 식사와 커피를 파는 커피숍이 있고, 카메라를 배우거나 고칠 수 있는 곳도 따로 마련돼 있다. 그 반대편으로는 갤러리와 아티스트들의 작업실, 기념품 숍 등이 있다. 이곳에서는 현재보다 미래를 생각하며 작품을 둘러보길 권한다. 젊은 방콕 아티스트들의 작품이 미래에 엄청난 가치를 인정받을지 모를 일이다.

² 방콕 아트 앤 컬처 센터
(Bangkok Art & Culture Centre / BACC)

주소 939 Rama I Rd, Khwaeng Wang Mai, Khet Pathum Wan, Krung Thep Maha Nakhon 10330
전화 02 214 6630
이용시간 10:00-21:00 (월요일 휴무)
홈페이지 www.bacc.or.th

방콕의 현재를 이끌어 가는 예술가들의 작품을 보고 싶다면 이곳이 제격이다. 건물 벽에 그려진 독특하고 개성 넘치는 벽화만 봐도 방콕 젊은 아티스트들의 재기 발랄함이 느껴진다. 전시 자체도 훌륭하지만 방콕 아트 앤 컬처 센터 1층에는 카페와 독립 잡지 해프닝의 숍, 각종 독특한 물품들을 파는 상점, 아티스트와 함께 하는 클래스가 열리는 곳까지 다양한 장소들이 모여 있어 지루할 틈이 없다. 예술이 사람과 어우러질 때 진정한 의미를 갖게 된다는 것을 새삼 느끼게 해주는 곳이다.

³ 짐 톰슨 하우스
(Jim Thompson House)

주소 1 Khwaeng Wang Mai, Khet Pathum Wan, Krung Thep Maha Nakhon 10330
전화 02 216 7368
영업시간 09:00-18:00
요금 어른 150Baht / 학생(22세 이하) 100Baht
홈페이지 www.jimthompsonhouse.com

⁴ 국립박물관
(Bangkok National Museum)

주소 Na Phra That Alley, Khwaeng Phra Borom Maha Ratchawang, Khet Phra Nakhon 10200
전화 02 224 1333
영업시간 10:00-16:00 (월,화요일 휴무)
홈페이지 www.finearts.go.th/museum-bangkok

타이 실크에 반해 그 우수함을 세계에 알린 미국인 짐 톰슨. 그는 2차 세계 대전 당시 태국에 파견된 미국 장교였다. 전쟁이 끝난 후에도 본국으로 돌아가지 않고 방콕에 정착해 타이 실크로 제품을 만들고 브랜드를 키워 나갔다. 짐 톰슨 하우스는 그가 살았던 집이다. 오랜 시간 직접 수집한 골동품이 전시돼 있어 웬만한 박물관보다 높은 수준의 컬렉션을 감상할 수 있다. 더불어 짐 톰슨 하우스 내부에 있는 숲속에 둘러싸인 듯한 레스토랑도 인상적이다.

태국에 있는 박물관 중 가장 큰 규모를 자랑한다. 게다가 태국의 역사를 한눈에 볼 수 있다는 점에서 뜻깊다. 라마 1세 때 지어진 건물 자체도 볼거리지만 여러 건물로 나뉘어 전시된 미술품과 역대 왕조가 사용했던 물품 등도 훌륭하다. 한 도시나 나라를 이해하고자 한다면 역사를 알 수 있는 박물관을 먼저 찾아보는 것이 도움이 된다. 국립박물관은 태국 문화를 이해하는 시작으로 알맞은 곳이다.

PART **2**

SHOP

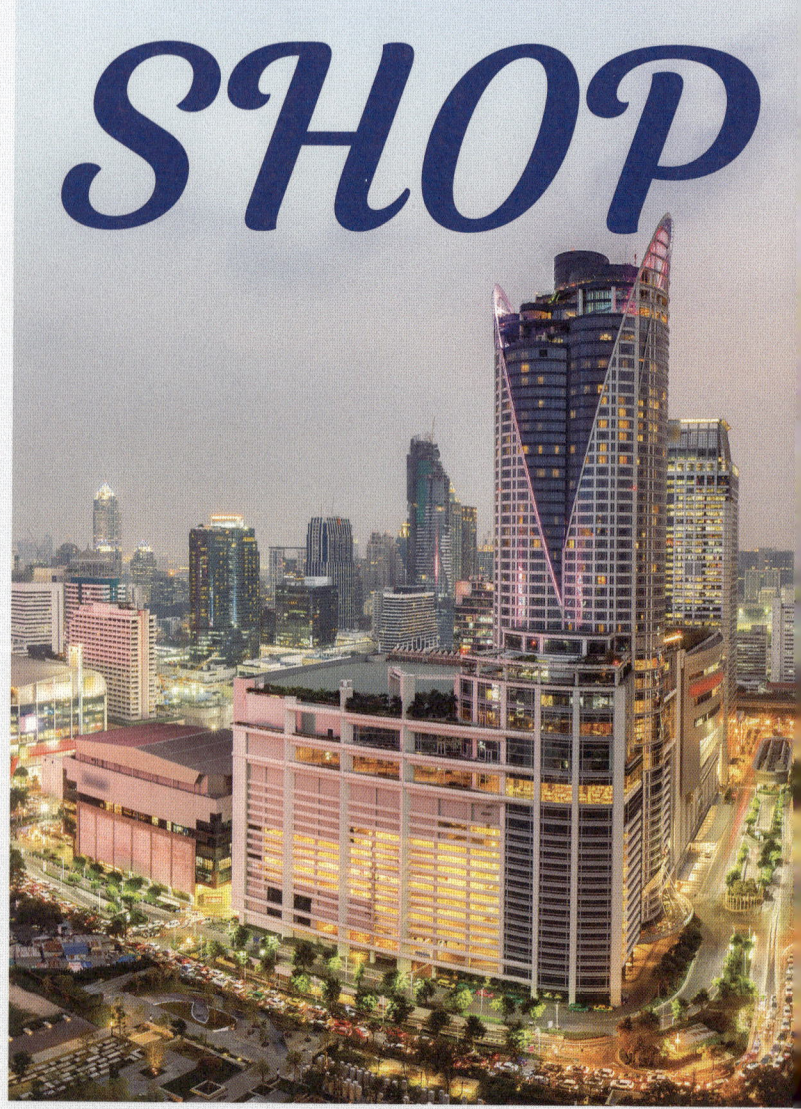

대형 쇼핑몰의 천국,
방콕　　　쇼핑

PING

전 세계 브랜드를
한 번에 만나는 곳

SHOPPING

● 방콕은 쇼핑과 떼려야 뗄 수 없는 도시이다. 특히 우리나라에 대형 쇼핑몰이 문을 열기 전부터 방콕에서 만났던 쇼핑몰은 방콕이 쇼핑의 도시인 이유를 알려주는 곳이었다. 럭셔리 브랜드로 가득한 1층과 끝을 알 수 없는 크기를 자랑하는 건물. 그 안을 빼곡하게 채운 브랜드 숍들, 영화관, 푸드코트까지 한곳에 있다는 사실이 마냥 신기했을 정도.

방콕에서는 국내보다 편안한 분위기에서 럭셔리 브랜드 매장을 둘러볼 수 있다. 더욱이 여러 곳을 옮겨 다니지 않아도 대부분의 브랜드 매장을 한곳에서 모두 만날 수 있다는 것도 장점이다. 국내에서 구하기 어려운 제품들도 다양하게 갖춰져 있다. 여기서 끝이 아니다. 럭셔리 브랜드뿐 아니라 카오산 로드, 시장에서 만나는 다양한 제품들도 매력적이다. 믿기 어려울 정도로 저렴한 가격은 덤.

여름 날씨에 유용한 제품들은 굳이 챙겨가지 않고 방콕에서 구매해 연출해보는 것도 좋다. 수영복, 반팔 티셔츠, 반바지 등 저렴한 가격에 태국 느낌이 물씬 풍기는 아이템을 장착할 수 있다. 최근에는 빈티지 인테리어 제품이나 그릇 등 태국 감성이 담긴 아이템들도 인기이다. 택배 비용이나 수하물 초과 비용 정도는 충분히 받아들일 수 있을 정도로 매력적인 제품이 많으니 방콕에서 나만의 아이템을 찾아보자.

¹ 시암 파라곤&시암 디스커버리
(Siam Paragon&Siam Discovery)

시암 파라곤

주소 991 Rama I Rd, Khwaeng Pathum Wan, Khet Pathum Wan, Krung Thep Maha Nakhon 10330
전화 02 610 8000
이용시간 10:00-22:00
홈페이지 siamparagon.co.th

시암 디스커버리

주소 989 Rama I Rd, Khwaeng Pathum Wan, Khet Pathum Wan, Krung Thep Maha Nakhon 10330
전화 02 658 1000
이용시간 10:00-22:00
홈페이지 siamdiscovery.co.th

방콕이 쇼핑의 중심지가 된 것은 시암 파라곤의 역할이 컸다. 방콕을 여행하는 대부분의 여행객이 들리는 시암 지역에 있다는 것이 가장 큰 장점. 시암이 방콕 필수 여행지라면, 시암 파라곤은 시암의 필수 방문지이기 때문이다. 더불어 지하에 있는 대형마트인 고메마켓이 여행객들의 발걸음을 다시 붙잡는다. 고급 기념품을 저렴하게 구매하고 싶다면 여기가 제격이다.
시암 파라곤 바로 옆에 있는 시암 디스커버리는 편집숍 형태로 꾸며져 다양한 브랜드 제품을 비교하기에 제격이다. 로프트, 폴라로이드 등 우리나라에서 보기 어려운 브랜드들이 입점해 있다는 것도 매력적. 특히 문구류를 좋아하는 여행객이라면 반드시 들러야 할 곳이다. 우리나라에서 구하기 어렵거나 보기 힘든 문구류나 작은 소품들이 가득하다. 그 옆에 이어지는 시암 스퀘어 원에는 힙한 태국 디자이너 브랜드가 다수 있으니, 조금 더 특이한 상품을 찾는다면 꼭 가보자.

² 센트럴 엠버시
(Central Embassy)

주소 1031 Ploenchit Road Khwaeng Lumphini, Khet Pathum Wan, Krung Thep Maha Nakhon 10330
전화 02 119 7777
이용시간 10:00-22:00
홈페이지 www.centralembassy.com

³ 터미널 21
(Terminal 21)

주소 88 Soi Sukhumvit 19, Khwaeng Khlong Toei Nuea, Khet Watthana, Krung Thep Maha Nakhon 10110
전화 02 108 0888
이용시간 10:00-22:00
홈페이지 www.terminal21.co.th

들어가는 순간 현대적인 분위기를 물씬 느낄 수 있는 곳이다. 한편으로 위입감이 들 정도의 럭셔리 브랜드 전문 쇼핑몰이기도 하다. 레트로 풍의 푸드코트와 슈퍼마켓이 입점해 있는데, 태국 정부에서 인정한 특산물 OTOP 제품이 대부분이라 믿고 구매할 수 있다. 6층에 있는 오픈 하우스에는 서점과 야외 테라스 등이 있어 방콕 젊은이들에게도 인기가 높다.

이름 때문에 버스 터미널이라고 오해하는 여행객이 종종 있지만 전 세계를 여행하듯 쇼핑한다는 콘셉트의 쇼핑몰이다. 럭셔리 브랜드보다는 중저가 브랜드가 다수 입점해 있는 것이 특징. 로컬 브랜드나 로컬 제품도 많이 팔고 있어 기념품을 구매하기 좋다. 데이 투어 만남의 장소가 근처여서 투어 후 쇼핑 또는 식사를 하기에 알맞은 곳이기도 하다.

짜뚜짝 주말 시장
(Chatuchak Market)

주소 587/10 Kamphaeng Phet 2 Rd, Khwaeng Chatuchak, Khet Chatuchak, Krung Thep Maha Nakhon 10900
전화 02 272 4813
이용시간 토요알-일요일 09:00-18:00
홈페이지 www.chatuchakmarket.org

방콕의 가장 큰 시장, 짜뚜짝. 토요일과 일요일에만 열리는 주말 시장으로 4만 평 정도의 규모를 자랑한다. 그 규모만큼의 복잡함은 감내해야 한다. 그러니 되도록 짐을 줄이고 가벼운 상태로 방문하기를 권한다. 시장 입구를 나올 때는 두 손 가득 무거운 짐은 들고 있을 테니 말이다. 짜뚜짝 시장은 27개 구역으로 구분돼 있고 옷은 물론 스파 용품, 책, 골동품, 기념품 등 다양한 물건을 판매하고 있다. 전체를 구경하기에는 지나치게 넓기 때문에 구매하려는 물건 또는 보고자 하는 것을 정해서 가는 것이 좋다.

⁵ 마분콩
(Ma Boon Khrong Center / MBK Center)

주소 444 Phayathai Rd, Pathum Wan, Khet Pathum Wan, Krung Thep Maha Nakhon 10330
전화 02 620 9000
이용시간 10:00-22:00
홈페이지 www.mbk-center.co.th

태국인에게 물어볼 때는 마분콩이라고 말해야 찾기 쉽고 외국인에게는 MBK로 더 잘 알려져 있다. 우리나라의 테크노마트 같은 곳으로 전자제품, 휴대폰 케이스, 이어폰 등을 저렴하게 구매할 수 있다. 저렴한 옷이나 기념품, 식재료 등도 판매하고 있으니 카오산 로드 숍이나 짜뚜짝 시장 느낌의 쇼핑센터라고 생각하면 된다. 일본 브랜드인 도큐 백화점도 이곳에 있다. 편하고 저렴한 쇼핑을 원하면 제격인 곳이다.

PART
3

Mas-
sage

몸과 마음에 힐링을
선물하고 싶다면,
방콕 마사지&스파

안티 스트레스를 꿈꾸기에
가장 완벽한 곳

Massage&Spa

● 방콕의 저렴한 물가를 실감하는 순간이라면 마사지와 스파를 경험할 때가 아닐까. 다른 여행지와 확연하게 차이 나는 가격을 보면 슬며시 웃음 짓게 된다. 내로라하는 체인 호텔에서 마사지를 하겠다는 큰 결심을 실현할 수 있는 도시 또한 방콕이다. 럭셔리 라이프를 체험하며 스트레스를 훌훌 털어버리기에 제격. 우리나라 물가와 비교하면 반값도 안 되는 가격이니 자신을 위한 힐링 선물로 좋다.

꼭 호텔 스파가 아니어도 방콕에는 1일 1 마사지를 완성시켜줄 수많은 숍들이 있다. 1시간에 1만 원으로 받을 수 있는 간단한 마사지도 여행지에서의 피로를 해소시켜주기에 충분하다. 아시아 허브, 오아시스 등 마사지 체인 숍 또한 호텔 스파만큼의 만족도를 선물한다. 방콕이라면 마사지를 받고 싶은 순간 앞에 있는 어떤 마사지 숍에 들어간다 해도 크게 후회하지 않을 것이다. 그럼에도 자신의 지친 몸과 마음을 다독이고 싶다면, 안티 스트레스를 꿈꾸고 있다면 럭셔리 마사지를 한 번쯤 경험해 보자. 방콕 여행의 추억을 더욱 달콤하게 만들어줄 것이다.

1 탄 생츄어리
(Thann Sanctuary)

주소 999 Phloen Chit Rd, Khwaeng, Lumphini, Khet Pathum Wan, Krung Thep Maha Nakhon 10330
전화 02 656 1423
이용시간 10:00-24:00
홈페이지 www.thannsanctuaryspa.info

2 아시아 허브 어소시에이션
(Asia Herb Association)

주소 598-600 Sukhumvit Rd, Klongtoey, Krung Thep Maha Nakhon 10110
전화 02 204 2111
이용시간 09:00-24:00
홈페이지 asiaherbassociation.com

전 세계 베스트 스파 55위 안에 포함된 탄 생츄어리는 태국 내에서도 손꼽히는 최고 스파 브랜드로 유명하다. 호주, 핀란드, 괌 등 전 세계에 지점이 있는 고급 스파로 남다른 서비스를 자랑한다. 마사지 전 설문을 바탕으로 개개인별 섬세한 맞춤 마사지를 제공하기 때문에 만족도가 특히 높다. 매장에서 판매하는 스파 제품도 유명하다. 오일, 보디 로션 등을 따로 구매하는 것도 좋다.

고급스러운 분위기에 수준 높은 인테리어와 숙련된 마사지 스태프까지. 겉에서 보기에는 럭셔리 브랜드로 오해할 수 있지만 합리적인 가격대의 마사지를 받을 수 있는 곳이다. 덕분에 가성비로는 어디에도 뒤지지 않는다. 기본 타이 마사지를 받아도 개별 룸에 샤워까지 가능하다. 이곳은 특히 허브 볼 마사지가 유명한데, 자체 농장에서 유기농으로 재배한 허브로 제품을 만드는 것이 특징이다.

³ 디 오리엔탈 스파
(The Oriental Spa)

주소 48 Oriental Avenue, Bang Rak, Khwaeng Bang Rak, Khet Bang Rak, Krung Thep Maha Nakhon 10500
전화 02 659 9000
이용시간 09:00-22:00
홈페이지 www.mandarinoriental.com

오랜 전통을 가진 만다린 오리엔탈 호텔 브랜드 스파이다. 만다린 오리엔탈 호텔과는 차오프라야강을 사이에 두고 위치해 있는데, 호텔 투숙객은 호텔 전용 무료 보트를 타고 건너가면 된다. 만다린의 수준을 그대로 옮겨놓았기 때문에 방콕이라는 지역적 특수성을 고려해도 만만치 않은 가격이다. 그러나 스파 룸에 들어서는 순간 이해가 간다. 순면으로 만든 스파복은 물론 룸 안의 샤워시설까지 최고를 자랑한다. 게다가 마사지 후 따로 마련된 소파에서 얼마든지 머물 수 있다. 서비스와 마사지 수준, 인테리어 등을 모두 고려한다면 비용이 아깝지 않다.

⁴ 오아시스 스파
(Oasis Spa)

주소 88 Sukhumvit 51 Road Wattana Khwaeng Khlong Tan Nuea, Khet Watthana, Krung Thep Maha Nakhon 10110
전화 02 262 2124
이용시간 10:00-22:00
홈페이지 www.oasisspa.net

⁵ 데쉐리 안티 에이징 뷰티 앤 스파
(Desheli Anti-Aging Beauty&Spa)

주소 8th Floor Pathumwan Princess Hotel, 444 Phyathai Road, Wang mai, Pathumwan 10330
전화 02 048 7034
이용시간 08:00-22:00
홈페이지 deshelith.business.site

도심 속에서 만나는 오아시스 같은 스파다. 치앙마이에서 시작된 스파 브랜드로, 워낙 인기가 좋아 방콕에도 문을 열었다. 두 개 지점이 있는데 둘 다 스쿰윗 지역에 위치한다. 덕분에 스쿰윗 지역에 머무는 여행객에게는 이곳만한 곳이 없다. 가든이 가운데 놓인 형태로 꾸며진 인테리어 역시 오아시스라는 이름과 유사한 분위기를 연출한다. 굉장히 친절한 스태프가 만족도를 더 높여준다.

마분콩과 이어진 파툼완 프린세스 호텔 내부에 위치한 데쉐리 스파는 호텔 내부에 있지만 호텔의 브랜드 스파는 아니다. 그러나 럭셔리한 분위기와 제품, 스태프의 노련함은 어디에도 뒤지지 않는 수준이다. 이 브랜드만의 시그니처 마사지가 있을 정도. 덕분에 여행객뿐 아니라 현지인들에게도 인정받고 있다. 처음 들어갔을 때 내주는 차 한 잔까지 세심하게 신경 쓴 티가 나는 곳이라 후회하지 않을 것이다.

누군가를 사랑한 기억을 떠올리겠어,
아니면 누군가에게 사랑받은 기억을 떠올리겠어?
- 츠지 히토나리 <안녕, 언젠가> 중

PART
4

Resta

전 세계인의
입맛을 사로잡은,
방콕 맛집 탐방

urant

PART 4 / ESSAY

먹을 때마다
행복을 선물하는 맛

Restaurant

● 태국 음식은 우리나라는 물론 전 세계인이 사랑하는 음식이라 해도 과언이 아니다. 그 애정만큼 친숙하게 느끼는 음식이기도 하다. 그럼에도 방콕에서 직접 맛보는 태국 음식은 조금 다르다. 볶음면 팟타이, 쿰쿰한 맛이 특징인 똠얌꿍, 새콤달콤한 샐러드 쏨땀, 부드러운 게살과 달걀, 독특한 소스가 어우러진 푸팟퐁 커리 등 나열하기 어려울 정도로 다양한 음식들이 여행객들을 유혹한다. 마음껏 먹어도 예상보다 저렴한 가격 또한 매력적이다.

태국 음식을 즐길 때 몇 가지 단어를 알아두면 도움이 된다. 까이(ไก่)는 '닭고기', 꿍(กุ้ง)은 '새우', 느어(เนื้อ)는 '소고기', 똠(ต้ม)은 '끓이다'라는 의미를 가진다. 이 단어로 추리해보면 똠얌꿍은 새우를 넣고 끓인 음식이다. 무(หมู)는 '돼지고기', 얌(ยำ)은 '채소를 뒤섞다', 운쎈(วุ้นเส้น)은 '면발이 가느다란 녹말 국수'라는 의미. 이 정도의 단어만 알아도 메뉴를 고르는데 자신감이 붙을 것이다. 특히 태국에서 놓치기 아쉬운 길거리 음식이나 야시장 음식, 현지 맛집 음식 등을 즐길 때 큰 도움이 된다.

길거리에서 파는 요리부터 호텔 레스토랑의 고급 요리까지 방콕에서는 맛없는 음식을 찾는 것이 어려울 정도이다. 그러니 방콕 여행을 계획했다면, 최대한 로컬 스타일 태국 음식에 도전해보자. 지금까지 먹었던 맛은 진짜가 아니라는 사실을 바로 깨닫게 될 것이다. 먹을 때마다 행복한 기분이 샘솟는 방콕의 맛을 놓치지 말자.

¹ 어서스 라운지
(Authors' Lounge)

주소 48 Oriental Avenue 10500
전화 02 659 9000
영업시간 11:00-19:00
　　　　(애프터눈 티 12:00-17:30)
홈페이지 www.mandarinoriental.com

² 벤자롱
(Benjarong)

주소 946 Rama IV Road, Silom, Dusit
　　　Thani Bangkok 10500
전화 02 200 9000
영업시간 11:30-14:30,
　　　　토요일- 일요일 18:00-22:00(디너)
홈페이지 www.dusit.com/dusitthani/
　　　　bangkok/dining/benjarong/

작가들이 사랑하는 카페라는 의미의 어서스 라운지, 얼마 전 리노베이션해 하얀색으로 꾸며진 공간에 초록색으로 포인트를 둔 꽃 모양 쿠션들이 인상적이다. 가운데 있는 테라스에서는 기타연주가 끊임없이 이어져 귀 호강까지 할 수 있다. 방콕에서는 유일하게 태국 스타일 애프터눈 티 메뉴가 있는 곳이라 더욱 특별하다. 태국 스타일 그릇에 담겨 나오는 오리엔탈 애프터눈 티 세트는 다른 곳에서 경험할 수 없는 맛을 제공한다.

오랫동안 태국의 전통요리를 선보였던 두짓타니 호텔에 위치한 레스토랑 벤자롱에는 외국인 여행객도 마음 놓고 즐길 수 있는 요리들이 대부분이다. 그렇다고 태국 스타일이 약하거나 변하지는 않았으니 안심해도 된다. 쏨땀은 물론 똠얌꿍 등 태국 요리를 한자리에서 코스로 맛볼 수 있다는 것이 가장 큰 장점. 커다란 유리창으로 보이는 인공 폭포의 시원함까지 더해져 눈과 입이 모두 만족스러운 식사를 할 수 있다.

³ 몬놈솟 토스트
(Mont Nom Sod / MONT)

주소 MBK Center Phaya Thai RdKhwaeng Wang Mai, Khet Pathum Wan, Krung Thep Maha Nakhon 10330
전화 02 611 4898
영업시간 11:30-21:00
홈페이지 mont-nomsod.com

⁴ 깽 반패
(kang Ban Phe)

주소 20-20/1 Soi Ruam Ruedi, Ploenchit Rd., Lumpini 10330
전화 02 019 0588
영업시간 11:30-21:30

1964년에 문을 연 몬놈솟 토스트. 이곳은 방콕의 젊은이들이 길게 줄을 서 있는 모습이 호기심을 느끼게 만든다. '어떤 맛이길래 이렇게 많은 이들이 줄을 서 있을까?'라고 생각하다 보면 토스트 냄새에 저절로 줄을 서고 있는 자신을 발견하게 될 것이다. 바삭하게 구운 토스트에 아주 달콤한 연유 소스, 초콜릿 소스 등이 올라가 있다. 큐브 모양으로 잘린 빵을 찍어 먹는 재미도 느낄 수 있다. 이곳에서 판매하는 우유도 유명하니 토스트와 곁들여 맛보기를 권한다.

진한 똠얌꿍 국물에 태국식 국수가 담긴 대표 메뉴, 똠얌국수. 독특하면서도 든든하게 배를 채울 수 있는 메뉴 덕분에 젊은 방콕인과 외국인 여행객들의 애정을 받는 곳이다. 국수와 국물 등을 원하는 대로 선택할 수 있어 나만의 메뉴를 만들어 먹는 재미도 있다. 주문과 동시에 면을 삶아 요리하기 때문에 면발이 쫄깃쫄깃하다. 해산물도 워낙 신선해 최고의 식감을 자랑한다. 특히 탱글탱글한 새우의 맛은 쉽게 잊을 수 없을 정도. 방콕을 여행한다면, 한 번은 꼭 맛봐야 한다.

⁵ 찬펜
(Chandrphen)

주소 1030/1 Rama 4 Road, Thung Maha Mek, Sathon 10120
전화 02 287 1535   영업시간 10:00-22:00   홈페이지 www.chandrphen.com

70년 전, 아주 작은 노점상으로 시작했지만 지금은 큰 규모를 자랑하는 식당으로 자리 잡았다. 4대째 내려오는 가족 식당인 동시에 태국 왕실이 사랑하는 레스토랑이기도 하다. 왕실의 표시인 가루다 인증을 받은 유일한 레스토랑. 방송인 홍석천이 태국 레스토랑을 계획할 때 영감을 얻은 곳으로 알려져 있다. 푸팟퐁 커리가 별미. 여기에 65년 전부터 만든 특제소스와 함께 어우러진 프라이드 치킨이 이 집의 자랑거리이다. 태국 전통음식이라고 하기는 어렵지만, 태국 스타일의 치킨을 맛보고 싶다면 방콕에서 이곳뿐임은 확실하다.

망고 소나기에요. 망고가 익었다는 뜻이에요.

- 요 네스뵈 <바퀴벌레> 중

PART
5

Night

낮보다 뜨겁게
보낼 수 있는,
방콕의 밤

낮보다 신나는 밤을 원한다면, 방콕으로 가자

Night

● 방콕의 클럽 문화는 세계적인 수준이다. 방콕 젊은이들은 물론이거니와 세계 곳곳에서 모여든 여행객들이 방콕의 밤을 사랑하는 이유이기도 하다. 세계적인 DJ들의 공연이 이어지고, 새벽이 될수록 클럽 앞에 줄을 선 이들이 늘어나는 곳. 방콕 클럽의 또 다른 매력은 저렴한 술값이다. 때문에 여러 클럽을 옮겨 다니며 밤을 하얗게 불태우는 이들을 어렵지 않게 만날 수 있다. 전 세계인이 모인 만큼 세계 음악이 믹스돼 더욱 신나는 분위기를 연출한다. 사람, 분위기, 술, 음악까지 완벽하니 방콕 클럽을 찾는 순간 지치지 않는 나이트 라이프를 즐기겠다는 의지가 저절로 솟아오른다.

시끌벅적한 클럽의 분위기보다 차분한 분위기의 밤을 즐기고 싶다면 호텔 루프톱 바가 제격이다. 방콕에는 럭셔리 호텔들이 워낙 많아 호텔마다 고유한 분위기를 간직한 루프톱 바를 운영하고 있다. 맛있는 술과 럭셔리한 분위기를 즐기며 방콕의 밤을 보내기에는 딱이다.

방콕의 야경을 보고 싶다면 쇼핑몰의 야간 개장과 디너 크루즈 등을 선택해도 좋다. 1950년대에 문을 연 재즈 바에서 느긋하게 공연을 감상하는 것도 놓치면 아쉽다. 그만큼 방콕의 밤은 무엇을 원하더라도 모두 이룰 수 있을 만큼 즐길 거리가 가득하다. 더불어 충분히 아름다우니 방콕의 밤을 제대로 즐겨보자.

¹ RCA
(Royal City Avenue)

주소 Huai Khwang district
오닉스(Onyx Bangkok)
Thanon Phra Ram 9, Khwaeng
Bang Kapi, Khet Huai Khwang,
Krung Thep Maha Nakhon 10310
루트 66(Route 66)
Royal City Avenue Building, Soi
Soonvijai, Rama 9 Rd,. Bangkapi,
Huay Kwang 10310

² 뱀부 바
(Bamboo bar)

주소 48 Oriental Avenue, Bang Rak
10500
전화 02 659 9000
이용시간 일요일-목요일 17:00-01:00
금요일-토요일 17:00-02:00
홈페이지 www.mandarinoriental.com

Royal City Avenue라는 말의 약칭으로 RCA라고 부르며, 방콕의 클럽 밀집 지역을 지칭한다. 낮에는 여기가 클럽 밀집 지역인가 할 만큼 조용한 곳이지만 어둠이 깔리면 한껏 차려입은 젊은이들이 몰린다. 평소 클럽문화를 즐기지 않는 여행객이라도 걱정 없다. 누군가를 신경 쓰기 위해 오는 곳이 아니라 음악을 즐기기 위해 오는 곳이기 때문. 이곳에서는 어떤 신경도 쓰지 않고 음악을 들으며 방콕 클럽을 즐길 수 있다. 단, 입장 시 여권은 필수 지참이며 슬리퍼를 신고 클럽에 들어갈 수 없다. 이 지역에서 가장 인기 있는 클럽은 오닉스와 루트 66이다. 두 클럽은 서로 이웃하고 있으니 하루에 모두 다 가봐도 좋다.

만다린 오리엔탈 호텔 1층에는 1953년부터 문을 연 뱀부 바가 있다. 오후 9시부터 시작하는 재즈 공연은 방콕 내에서 가장 유명하다. 재즈 음악이 이곳의 아이덴티티인 것. 이는 뱀부 바에서 공연을 하는 가수나 재즈 곡명과 같은 이름의 시그니처 칵테일 등을 통해서도 충분히 느껴진다. 뱀부 바 만의 특색 가득한 메뉴들은 이곳을 찾으면 꼭 즐겨야 하는 것들이다. 맛있는 칵테일 한잔과 가슴에 남는 재즈 공연이면 방콕의 밤을 온전하게 느낄 수 있을 것이다.

³ 파크 소사이어티
(Park Society)

주소 2 North Sathorn Road Silom Bangrak Krung Thep Maha Nakhon 10500
전화 02 624 0000
이용시간 18:00-22:30
홈페이지 www.so-sofitel-bangkok.com

⁴ 아시아티크
(Asiatigue)

주소 2194 Charoen Krung Rd, Khwaeng Wat Phraya Krai, Khet Bang Kho Laem, Krung Thep Maha Nakhon 10120
전화 02 108 4488
이용시간 17:00-24:00
홈페이지 www.asiatiquethailand.com

방콕 소피텔소에 위치한 루프톱 바 파크 소사이어티는 현지인들에게도 인기가 많은 곳이다. 해질 무렵부터 룸피니 공원을 바라보고 있다 보면 모든 근심을 잊기에 충분하다. 그러나 파크 소사이어티의 진짜 매력은 해가 완전히 자취를 감추고 어둠이 오면서 드러난다. 탁 트인 공원의 야경이 얼마나 아름다운지 새삼 느끼게 될 것이다. 또한 시원한 느낌에 절로 마음이 가벼워진다. 칵테일 한 잔과 룸피니 공원 파노라마 뷰를 눈과 마음에 담아보자.

샌프란시스코의 피셔 맨 워프를 닮은 아시아티크는 도시 재생 프로그램의 일환으로 완성된 곳이다. 커다란 창고였던 10개의 옛 건물을 1,500개가 넘는 숍으로 재탄생 시킨 것. 대부분의 숍이 4시에 열기 때문에 낮에 관광을 마치고 야시장의 분위기를 한껏 느끼고 싶을 때 이곳을 찾으면 된다. 워터프런트 구역, 팩토리 구역, 타운 스퀘어 구역, 짜런끄롱 지역으로 나뉜다. 아시아티크는 대형 레스토랑은 물론 브랜드숍, 로컬 브랜드숍, 수공예 상점 등 다양한 공간을 한곳에서 만날 수 있다는 것이 가장 큰 장점이다. 트랜스 젠더 쇼인 칼립소 카바레는 물론 무예타이 라이브 쇼 등도 볼 수 있다.

⁵ 샹그릴라 호라이즌 디너 크루즈
(Shangri-La Horizon Dinner Cruise)

주소 89 Soi Wat Suan Plu, New Road, Bangrak, Next2 Pier 10500
전화 02 236 7777
이용시간 19:30-21:30
홈페이지 www.shangri-la.com

방콕의 야경을 감상하면서 여유로운 시간을 보내고 싶은 여행객이라면 샹그릴라 디너 크루즈가 제격이다. 차오프라야강을 따라서 대략 2시간 정도 배를 타고 뷔페 식사를 즐기는 코스이다. 식사를 마치고 배 앞머리 테라스로 나가 강바람을 맞으며 아름다운 방콕 야경을 즐기는 것이 포인트, 크루즈 내부 및 외부에 자리가 있어 예약할 때 외부 테이블을 선택하는 것도 가능하다. 그러니 되도록 예약하고 방문하길 권한다. 방콕은 날씨가 춥지 않으니, 배에서도 방콕의 야경을 완전하게 즐길 수 있다.

MONTH 1 2 3 4 5 6 7 8 9 10 11 12

DATE												
PLACE												

	S	M	T

W	T	F	S

	MONTH	1	2	3	4	5	6	7	8	9	10	11	12
DATE													
PLACE													

	S	M	T

W	T	F	S

DATE

Today's Plan

Expenses Record		card ■ cash ☐
	☐	☐
	☐	☐
	☐	☐
	☐	☐
	☐	☐
	☐	☐
	☐	☐

DATE _____

Today's Plan

Expenses Record		card ■ cash ☐
	☐	☐
	☐	☐
	☐	☐
	☐	☐
	☐	☐
	☐	☐
	☐	☐

DATE _____

Today's Plan

Expenses Record		card ■ cash ☐
	☐	☐
	☐	☐
	☐	☐
	☐	☐
	☐	☐
	☐	☐
	☐	☐

DATE _____

Today's Plan

Expenses Record	card ■ cash ☐
☐	☐
☐	☐
☐	☐
☐	☐
☐	☐
☐	☐
☐	☐

DATE _____

Today's Plan

Expenses Record		card ■ cash ☐
	☐	☐
	☐	☐
	☐	☐
	☐	☐
	☐	☐
	☐	☐
	☐	☐

DATE _____

Today's Plan

Expenses Record		card ■ cash ☐
	☐	☐
	☐	☐
	☐	☐
	☐	☐
	☐	☐
	☐	☐
	☐	☐

DATE _____

Today's Plan

Expenses Record	card ■ cash ☐
☐	☐
☐	☐
☐	☐
☐	☐
☐	☐
☐	☐
☐	☐

DATE _____

Today's Plan

Expenses Record		card ■ cash ☐
	☐	☐
	☐	☐
	☐	☐
	☐	☐
	☐	☐
	☐	☐
	☐	☐

☼ ☁ ☁ ☁ ☁

DATE _____

Today's Plan

Expenses Record		card ■ cash ☐
	☐	☐
	☐	☐
	☐	☐
	☐	☐
	☐	☐
	☐	☐
	☐	☐

☀ ⛅ ☁ 🌧 ❄

DATE _____

Today's Plan

Expenses Record		card ■ cash ☐
	☐	☐
	☐	☐
	☐	☐
	☐	☐
	☐	☐
	☐	☐
	☐	☐

☼ ☁ ☁ ☁ ☁

DATE _____

Today's Plan

Expenses Record		card ■ cash ☐
	☐	☐
	☐	☐
	☐	☐
	☐	☐
	☐	☐
	☐	☐
	☐	☐

DATE _____

Today's Plan

Expenses Record	card ■ cash ☐
☐	☐
☐	☐
☐	☐
☐	☐
☐	☐
☐	☐
☐	☐

DAY

DATE _____

Today's Plan

Expenses Record		card ■ cash ☐
	☐	☐
	☐	☐
	☐	☐
	☐	☐
	☐	☐
	☐	☐
	☐	☐

DATE _____

Today's Plan

Expenses Record		card ■ cash ☐
	☐	☐
	☐	☐
	☐	☐
	☐	☐
	☐	☐
	☐	☐
	☐	☐

DATE _____

Today's Plan

Expenses Record		card ■ cash ☐
	☐	☐
	☐	☐
	☐	☐
	☐	☐
	☐	☐
	☐	☐
	☐	☐

DATE _____

Today's Plan

Expenses Record		card ■ cash ☐
	☐	☐
	☐	☐
	☐	☐
	☐	☐
	☐	☐
	☐	☐
	☐	☐

DATE _____

Today's Plan

Expenses Record		card ■ cash ☐
	☐	☐
	☐	☐
	☐	☐
	☐	☐
	☐	☐
	☐	☐
	☐	☐

DATE _____

Today's Plan

Expenses Record		card ■ cash □
	☐	☐
	☐	☐
	☐	☐
	☐	☐
	☐	☐
	☐	☐
	☐	☐

DATE

Today's Plan

Expenses Record		card ■ cash ☐
	☐	☐
	☐	☐
	☐	☐
	☐	☐
	☐	☐
	☐	☐
	☐	☐

DATE _____

Today's Plan

Expenses Record		card ■ cash ☐
	☐	☐
	☐	☐
	☐	☐
	☐	☐
	☐	☐
	☐	☐
	☐	☐

DATE _____

Today's Plan

Expenses Record		card ■ cash ☐
	☐	☐
	☐	☐
	☐	☐
	☐	☐
	☐	☐
	☐	☐
	☐	☐
	☐	☐

DATE _____

Today's Plan

Expenses Record		card ■ cash ☐
	☐	☐
	☐	☐
	☐	☐
	☐	☐
	☐	☐
	☐	☐
	☐	☐

DATE _____

Today's Plan

Expenses Record		card ■ cash ☐
	☐	☐
	☐	☐
	☐	☐
	☐	☐
	☐	☐
	☐	☐
	☐	☐

DATE _____

Today's Plan

Expenses Record	card ■ cash ☐
☐	☐
☐	☐
☐	☐
☐	☐
☐	☐
☐	☐
☐	☐

DATE _____

Today's Plan

Expenses Record	card ■ cash □
☐	☐
☐	☐
☐	☐
☐	☐
☐	☐
☐	☐
☐	☐

DATE _____

Today's Plan

Expenses Record	card ■ cash ☐
☐	☐
☐	☐
☐	☐
☐	☐
☐	☐
☐	☐
☐	☐

DATE _____

Today's Plan

Expenses Record		card ■ cash ☐
	☐	☐
	☐	☐
	☐	☐
	☐	☐
	☐	☐
	☐	☐
	☐	☐
	☐	☐

DATE _____

Today's Plan

Expenses Record		card ■ cash ☐
	☐	☐
	☐	☐
	☐	☐
	☐	☐
	☐	☐
	☐	☐
	☐	☐
	☐	☐

DATE _____

Today's Plan

Expenses Record		card ■ cash ☐
	☐	☐
	☐	☐
	☐	☐
	☐	☐
	☐	☐
	☐	☐
	☐	☐

DATE _____

Today's Plan

Expenses Record		card ■ cash ☐
	☐	☐
	☐	☐
	☐	☐
	☐	☐
	☐	☐
	☐	☐
	☐	☐

근데… 먼저 속이지 않으면 당하고 마는 게 인생이야.

- 영화 <배드 지니어스> 중

171

호텔 용어

정보제공: 호텔패스(www.hotelpass.com)

레이트 체크아웃 Late Check-out	일반적으로 호텔에서 규정하는 체크아웃 시간보다 늦게 체크아웃하는 것을 의미한다.
어메니티 Amenity	호텔에서 투숙객의 편의를 위해 객실에 무료로 준비해 놓은 각종 소모품 또는 서비스 용품. 일반적으로 욕실용품과 물 등이다.
엑스트라 차지 Extra Charge	추가 비용을 의미. 인원 추가, 조식 추가, 베드 추가 등의 상황에서 사용된다.
올 인클루시브 All Inclusive	호텔 숙박비 내에 미니 바를 포함한 모든 음식, 선택관광 서비스 요금이 포함되어 있는 형태를 말한다.
얼리 체크인 Early Check-in	기존의 호텔 체크인 시간보다 이른 시간에 체크인하는 것을 의미한다. 추가 비용이 발생하는 경우도 있다.
컨시어지 Concierge	비서처럼 개인적이고 개별적인 고객 서비스를 총괄 담당하는 관리인. 호텔 이용, 주변 교통 편이나 관광에 대한 설명과 레스토랑 추천 등 고객의 편의를 도와준다.

여행자를 위한 영어회화 _ 호텔편

예약하셨나요? Did you make a reservation?	지금 체크인할 수 있나요? Can I check in now?
체크인 시간은 몇시죠? What time is check-in?	체크인하고 싶습니다. I'd like to check in.
일찍 체크인 할 수 있나요? Can I check in early?	체크인은 어디서 합니까? Where do I check in?
어느 분 앞으로 예약되어 있습니까? Whose name is the reservation under?	제 이름으로 예약했습니다. It's in my name.
해변 쪽 방으로 주세요. I'd like a room with a seaside view, please.	짐을 방까지 가져다 주시겠어요? Could you bring my luggage up to the room?
제 짐을 올려주실 수 있으세요? Can you move up my baggage?	수건을 더 주시겠어요? Could I have more towels?
저녁까지 제 짐을 보관해 주실 수 있어요? Could you keep my luggage until this evening?	공항 가는 버스는 어디서 타요? Where do I board the bus going to the airport?

방콕의 축제

방콕은 도시 전체에서 신나는 분위기가 흐른다. 아마도 방콕에서 살아가는 이들의 선한 마음과 유쾌한 흥이 어우러져 있는 탓이 아닐까. 방콕의 축제는 그런 분위기를 극대화해 만날 수 있는 기회다. 그러니 방콕을 여행 중이라면 축제 기간을 공략해 보자. 평소의 방콕보다 몇 배쯤 더 신난 도시, 방콕을 만나게 될 것이다.

대표적인 축제

송끄란 Songkran (4월 13~15일)	물의 축제로 널리 알려져 있는 태국 송끄란 페스티벌은 세계적인 축제 중 하나로 태국 전역에서 순차적으로 열린다. 송끄란은 태국력에 따른 태국 전통 설날이기도 하다. 때문에 가족, 친지들과 함께 모여 새해를 축하하고 어른들에게 존경을 표하기 위해 물을 뿌린다. 여기에서 발전한 쏭끄란 축제는 나라 전체 사람들이 참여하는 물싸움이라고 표현하는 것이 더 어울린다. 태국에서는 물을 뿌리는 행위가 건강과 행복, 번영을 기원하는 일이기 때문에 모르는 이들에게도 물을 뿌리며 서로의 행복을 기원해준다.
러이끄라통 Loi Krathong (11월)	오래된 태국 전통 축제 중 하나로, 태국력 12월 보름에 행해진다. 바나나 잎으로 만든 조그마한 연꽃 모양의 작은 배(끄라통)에 불을 밝힌 초, 꽃, 동전 등을 실어 강물이나 운하, 호수로 띄워 보내면서(러이) 소원을 비는 것이 가장 큰 행사이다. 끄라통의 촛불이 꺼지지 않고 멀리 떠내려가면 자신의 소원이 이루어진다고 믿는다. 방콕 차오프라야강에서 여러 가지 모양의 등불을 떠내려 보내는 라따나꼬신 시대의 왕실 축제도 재현한다. 강변을 아름다운 조명으로 장식하고 미인 선발대회, 끄라통 콘테스트 등 다양한 전통 연극, 공연도 열린다.

CONTACT LIST
주요 연락처

- 태국 대한민국 대사관 -
Embassy of the Republic of Korea
23 Thiam-Ruammit Road, Ratchadapisek,
Huay-Kwang, Bangkok 10310 Thailand
☎ (662) 247-7537~39

업무시간 : 월요일~금요일 오전 8:30~11:30, 13:30~16:00

태국어로 대한민국 대사관은 '싸탄툿 까올리 따이'라고 하며 '소이 티얌 루엄 밋, 타논 라차다피섹, 후어이 꽝, 방콕'에 위치해 있다. 태국어로 된 아래의 대사관 주소 및 연락처를 택시운전사 등 현지인에게 보여주고 찾아가면 된다.

สถานทูตเกาหลีใต้ประจำประเทศไทย
(เข้าซอยเดียวกับศูนย์วัฒนธรรมแห่งประเทศไทย)
เลขที่ 23 ถนน เทียมร่วมมิตร รัชดาภิเษก ห้วยขวาง กรุงเทพฯ 10310
โทร. 02-247-7537~39

PERSONAL CONTACT LIST
개인 비상 연락망

Coupon
두근두근 여행 다이어리 북 시리즈에서 준비한 특별 여행선물

YOLO PROJECT
두근두근 여행 다이어리 북
×

DUTY FREE

1. 두타인터넷면세점 30,000원 적립금
- 적립금 코드 7SOI1VRVWK
- 유효 기간 다운로드 일로부터 3개월까지

<사용방법>
① 두타인터넷면세점 로그인(www.dootadutyfree.com) * 비회원의 경우 신규가입 필요
② 마이페이지 > 적립금 클릭   ③ "적립금 등록하기" 란에 "적립금 코드 10자리" 입력

2. 두타면세점 10,000원 할인권 ($50 이상 결제 시 즉시 할인)
- 사용처 동대문 본점
- 인당 1회 사용 가능

5116000000003645

3. 두타면세점 30,000원 할인권 ($100 이상 결제 시 즉시 할인)
- 사용처 동대문 본점
- 인당 1회 사용 가능

5116000000003646

4. 두타몰 F&B 3,000원 바우처 교환권
- 교환 장소 두타몰 4F 멤버십 데스크
- 1인 1회 교환 가능
- 바우처 교환 후 두타몰 F&B(식음) 매장에서 사용하실 수 있습니다.
- 두타몰 4F 멤버십 데스크 교환 시간 AM10:30~PM9:00(월~일)

5. 두타몰 멤버십 가입 시 최대 5,000 포인트
- 대상 두타몰 멤버십 신규가입 고객
- 혜택 신규 가입 즉시 최대 5,000포인트 지급

YOLO PROJECT
두근두근 여행 다이어리 북
×

1등 글로벌 호텔예약

해외 호텔 7% 할인 or 일본 1박 700¥ 할인
- 쿠폰 번호 YPPASS77   • 쿠폰 등록 기간 2020년 12월 31일까지
- 쿠폰 사용 기간 홈페이지 등록 후 발급일로부터 1년

<사용방법>
① 호텔패스 로그인 > 마이 페이지 > 쿠폰 조회 > 쿠폰 등록 > 쿠폰 발급 완료

<사용 안내>
- 본 적립금은 기간 내 ID 당 1회 발급 가능합니다.
- 본 적립금은 결제금액의 최대 30%까지 사용 가능합니다.
- 본 적립금은 당사 사정에 따라 변경, 조기 종료될 수 있습니다.
- 브랜드별 적립금 사용률은 상이할 수 있으며,
  일부 브랜드의 경우 적립금 사용이 제한될 수 있습니다.

<사용 안내>
- 본 할인권은 동대문 본점에서 1인 1회 사용 가능합니다.
- 본 할인권은 일부 브랜드 및 30% 이상 할인 제품은 제외될 수 있습니다.
- 본 할인권은 내국인(한국인) 전용으로 타 할인 쿠폰과 중복 할인되지 않습니다.
- 본 할인권의 사용 잔액은 환불되지 않으며 반품 시 재발급되지 않습니다.
- 본 할인권은 당사 사정에 따라 사용이 제한, 변경될 수 있습니다.
- 본 할인권은 당사 사정에 따라 변경, 조기 종료될 수 있습니다.

주소 서울특별시 중구 장충단로 275 두산타워 7F~13F
영업시간 AM10:30~PM11:00(연중 무휴) 대표 번호 1833-8800
홈페이지 www.dootadutyfree.com

<사용 안내>
- 본 할인권은 동대문 본점에서 1인 1회 사용 가능합니다.
- 본 할인권은 일부 브랜드 및 30% 이상 할인 제품은 제외될 수 있습니다.
- 본 할인권은 내국인(한국인) 전용으로 타 할인 쿠폰과 중복 할인되지 않습니다.
- 본 할인권의 사용 잔액은 환불되지 않으며 반품 시 재발급되지 않습니다.
- 본 할인권은 당사 사정에 따라 사용이 제한, 변경될 수 있습니다.
- 본 할인권은 당사 사정에 따라 변경, 조기 종료될 수 있습니다.

주소 서울특별시 중구 장충단로 275 두산타워 7F~13F
영업시간 AM10:30~PM11:00(연중 무휴) 대표 번호 1833-8800
홈페이지 www.dootadutyfree.com

<사용 안내>
- 교환하신 바우처는 일부 식음 매장에서는 사용이 제한될 수 있습니다.
- 멤버십 회원을 대상으로 제공합니다(비회원의 경우, 신규 가입 필요).
- 본 교환권은 당사 사정에 따라 변경, 조기 종료될 수 있습니다.

두타몰 주소 서울특별시 중구 장충단로 275 두산타워 1F~6F
두타몰 영업시간 AM10:30~AM05:00(월~토), AM10:30~AM00:00(일)
대표 번호 02-3398-3115

<사용 안내>
- 신규 회원 가입 시 3,000 포인트는 즉시 사용 가능합니다,
  마케팅 활용 동의 2,000 포인트는 익일부터 사용 가능합니다.
- 결제 시 일부 매장 및 상품의 경우, 포인트 적립 및 사용이 제외될 수 있습니다.
- 본 멤버십 가입 혜택은 당사 사정에 따라 변경, 조기 종료될 수 있습니다.

두타몰 주소 서울특별시 중구 장충단로 275 두산타워 1F~6F
두타몰 영업시간 AM10:30~AM05:00(월~토), AM10:30~AM00:00(일)
대표 번호 02-3398-3115

<사용 시 유의사항>
- 일부 요금은 적용이 불가능할 수 있습니다.
- 다른 쿠폰과 중복 사용이 불가능합니다.
- 호텔패스 포인트와 함께 사용하실 수 있습니다.

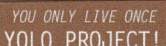
YOU ONLY LIVE ONCE
YOLO PROJECT!

여행을 완성하는 아주 특별한 방법,

21세기북스의
두근두근 여행 다이어리 북 시리즈

01. 홍콩

02. 뉴욕

03. 오사카&교토

04. 런던

05. 이탈리아

06. 호주

07. 도쿄

08. 방콕

여행을 기록하는 아주 특별한 방법
두근두근 여행 다이어리 북 + 네오스마트펜

네오스마트펜으로 여행 다이어리 북에 기록한 내용은
스마트폰으로 언제 어디서든 확인 할 수 있습니다.

네오노트 APP
다운로드 (iOS/Android)
→
네오스마트펜과
스마트폰 연동
→
네오스마트펜으로
여행 다이어리 북 작성
→
네오노트 APP
모든 내용 저장

종이에 쓰면 디지털로 저장되는
네오스마트펜 사용법 자세히 알아보기

www.neosmartpen.com

두근두근 여행 다이어리 북 200% 활용법!

여행 계획하기
두근두근 여행 다이어리 북에 네오스마트펜으로 여행 계획을 적어보세요.
언제 어디서든 스마트폰을 통해 네오노트 앱을 열면 확인할 수 있습니다.

두 손 가볍게 여행하기
두꺼운 여행 가이드북 대신 나만의 가이드북, 여행 다이어리 북을 활용하세요.
네오스마트펜으로 적으면 스마트폰 하나로 완벽한 여행이 가능합니다.

여행의 추억, 영원히 보관하기
여행의 잊을 수 없는 순간을 기록하세요.
네오스마트펜으로 두근두근 여행 다이어리 북에 적은 여행 추억은 영원히 보관됩니다.

여행 기록 공유하기
나만의 여행 노하우를 공유해보세요.
네오노트 앱에 저장된 내용은 SNS, 메신저, 메일 등으로 쉽고 편하게 공유할 수 있습니다.

www.neosmartpen.com

KI신서 7488

BANGKOK
두근두근 **방콕**

1판 1쇄 인쇄 2018년 5월 17일
1판 1쇄 발행 2018년 5월 27일

펴낸이 김영곤
펴낸곳 (주)북이십일 21세기북스

실용출판팀장 김수연
책임편집 이보람
진행 김유정
사진 김유정
디자인 elephantswimming
출판영업팀 최상호 한충희
출판마케팅팀 김홍선 최성환 배상현 이정인 신혜진 김선영 나은경
홍보팀 이혜연 최수아 김미임 박혜림 문소라 전효은 염진아 김선아
제휴팀장 류승은
제작팀장 이영민

출판등록 2000년 5월 6일 제406-2003-061호
주소 (10881) 경기도 파주시 회동길 201 (문발동)
대표전화 031-955-2100 **팩스** 031-955-2151 **이메일** book21@book21.co.kr

(주)북이십일 경계를 허무는 콘텐츠 리더

21세기북스 채널에서 도서 정보와 다양한 영상자료, 이벤트를 만나세요!
장강명, 요조가 진행하는 팟캐스트 말랑한 책수다 <책, 이게뭐라고>
페이스북 facebook.com/21cbooks   블로그 b.book21.com
인스타그램 instagram.com/21cbooks   홈페이지 www.book21.com

ⓒ 북이십일 21세기북스

ISBN 978-89-509-7535-7   13980

• 이 책 내용의 일부 또는 전부를 재사용하려면 반드시 (주)북이십일의 동의를 얻어야 합니다.
• 잘못 만들어진 책은 구입하신 서점에서 교환해드립니다.